# Inhalt

**Mobile Commerce (M-Commerce)**

Kernthesen

Beitrag

Fallbeispiele

Weiterführende Literatur

Impressum

GENIOS WirtschaftsWissen Nr. 04/2002 vom 25.04.2002

# Mobile Commerce (M-Commerce)

*F.Muretta*

## Kernthesen

- M-Commerce ist die elektronische Durchführung von Handelsgeschäften mit mobilen Endgeräten. (6)
- Die Realisierung höherer Datenübertragungsraten stellt für das erwartete starke Wachstum des M-Commerce einen entscheidenden Faktor dar. (15)
- Die Schaffung von breiten Standards für mobile Finanztransaktionen ist eine wesentliche Voraussetzung für den Erfolg von M-Commerce. (1)

# Beitrag

Auf der diesjährigen Cebit durchzog das Schlagwort Mobile Commerce viele Ankündigungen. Im professionellen Softwarebereich ging es vor allem um die Weiterentwicklung ganzheitlicher Lösungen mit dem Ziel der Abbildung vollständiger Geschäftsprozesse in eine einheitliche E- und M-Commerce-Lösung. (14)

## M-Commerce - Integration von Internettechnologie und mobiler Kommunikation

Mobile Commerce (M-Commerce) ist die elektronische Abwicklung von Handelsgeschäften über mobile Endgeräte (Handys, Personal Digital Assistants, Handheld Computer). (6)

Die wachsende Bedeutung des M-Commerce ist eine Folge der fortschreitenden Integration von Internettechnologie und mobiler Kommunikation. Einerseits werden damit Dienste mobil nutzbar, die bisher auf das Festnetz beschränkt waren (z. B. World Wide Web, Kontoführung (Mobile Banking), Abruf von Wirtschafts-, Sport-, Wetterinformationen, Shopping, Abspielen von Audio- und Videodateien, Spiele). Anderseits ergeben sich vielfältige, neue Anwendungsmöglichkeiten, die rein mobiler Natur sind. Dazu gehören eine um Multimediaelemente (Bilder, Audio-, Videoclips) erweiterte, persönliche Mobilkommunikation und alle Standort bezogenen Dienste, wie Navigationshilfen, Notrufdienste und der Abruf von Lokalinformationen (nächstgelegenes Restaurant, Hotel, Apotheke, etc.). (2), (6)

Für Unternehmen bedeutet M-Commerce maximale Kundenerreichbarkeit, neuartige Kommunikationsmöglichkeiten, ein hohes Maß an Personalisierungsmöglichkeiten bei geringen Kosten und die Möglichkeit, neue, innovative Dienste anbieten zu können.

Damit M-Commerce funktionieren kann, müssen einige Voraussetzungen erfüllt sein. Neben einer flächendeckenden, mobilen Telekommunikationsinfrastruktur (GSM-, UMTS-Netze) und der Verfügbarkeit entsprechender Endgeräte, sind die Etablierung von technischen Normen (WAP, GPRS), sowie die Schaffung von Standards für Finanztransaktionen von größter Wichtigkeit. (2)

# GSM, WAP, GPRS

Eine flächendeckende, mobile Telekommunikationsinfrastruktur existiert in Form der GSM-Mobilfunknetze. Da diese Mobilfunktechnologie nur relativ niedrige Datenübertragungsraten unterstützt, eignet sie sich lediglich für Text basierte Kommunikation, keinesfalls aber für die Übertragung multimedialer Inhalte. Um trotz der geringen Bandbreite eine mobile Nutzung der Internettechnologie zu ermöglichen, wurde der Übertragungsstandard WAP geschaffen, der ein WAP-geeignetes Endgerät dazu befähigt, speziell angepasste WAP-Seiten aus dem Internet abzurufen. Aufgrund mangelnder Inhalte, schlechter Preisgestaltung, schwerer Bedienbarkeit und unbefriedigender Übertragungszeiten konnte sich diese Technik bisher nur in geringem Maße durchsetzen. Die Entwicklung von GPRS ermöglichte eine Verbesserung der Übertragungsleistung in GSM-Netzen durch die Bündelung mehrerer Übertragungskanäle. (2)

# UMTS

Eine schnelle Übertragung großer Datenmengen ist

jedoch erst mit der neuen UMTS-Technik (Universal Mobile Telecommunications System), die Datenraten von theoretisch bis zu 2 Mbs unterstützt, praktikabel. (7)

Die Umstellung auf UMTS ist für die sechs Lizenznehmer in Deutschland (T-Mobile, Viag, Vodafone, E-Plus, Mobilcom und Quam) mit gewaltigen Investitionen verbunden. Einerseits haben die UMTS-Lizenzen allein Milliarden verschlungen, andererseits entstehen erhebliche Kosten beim Auf- und Ausbau der Funknetze, da UTMS und GSM technische Unterschiede aufweisen und somit neben spezieller Funktechnik auch eine größere Anzahl Funkmasten benötigt wird. (8)

## M-Payment

Von besonderer Bedeutung für den Erfolg des mobilen Handels sind Zahlungssysteme, die es gestatten, mobile Finanztransaktionen jeglichen Umfangs unkompliziert und sicher durchzuführen. Damit sind Systeme gemeint, deren Funktionalität die des Mobile Banking (mobiler Kontakt zur Bank für Kontoübersicht oder Überweisungsauftrag) insofern übertreffen, dass direkte Finanztransaktionen von Gerät zu Gerät mit höchster

Sicherheit durchführbar werden und vor allem Kleinstbeträge (Micropayments) für die Nutzung von Premium-Datendiensten, Parkgebühren oder Fahrkarten bezahlt werden können. (5)

Ansätze solcher Zahlungssysteme existieren bereits, jedoch beruhen diese meist auf proprietären Lösungen, die teilweise nicht zueinander kompatibel sind. Zusammenschlüsse von Telekommunikationsunternehmen, Internetprovidern, Banken und Betreibern von Zahlungssystemen zu Konsortien machen deutlich, dass man bestrebt ist, mit Hilfe Branchen übergreifender Kooperationen und gegenseitiger Abstimmung einheitliche Standards für den mobilen Zahlungsverkehr zu entwickeln. (1)

# Fallbeispiele

Mit rund 30 Mio. zahlenden Abonnenten ist der Mobilfunkservice i-Mode in Japan bereits erfolgreich. Mehr als 40.000 spezielle Webseiten von mehr als 1.000 Anbietern können darüber mobil abgerufen werden. E-Mail, Online-Banking, Ticketreservierung und verschiedene standortbezogene Dienste stehen den Nutzern zur Verfügung. Die Kosten hierfür setzen sich zusammen aus einer monatlichen Grundgebühr in Höhe von circa 2,50 Euro plus geringen Gebühren für das Volumen der übertragenen Daten sowie aus Abonnementkosten für die abgerufenen Seiten, die im Durchschnitt zwischen einem und drei Euro im Monat liegen. (13)

NTT DoCoMo hat in Japan bereits ein erstes flächendeckendes Verkaufsnetz aufgebaut, das ein Bezahlen mittels i-Mode-Handy erlaubt. (19)

In Finnland versuchen Visa, Nokia und Nordea, sich ein Bild darüber zu machen, wie Mobile Payment konkret umgesetzt werden kann. Das zugrunde liegende Konzept verwendet neben der herkömmlichen SIM-Karte eine zusätzliche, von einer Bank ausgegebenen Chipkarte, mit der Kreditkartentransaktionen über das integrierte Identifikations- und Sicherheitsmodul (WIM) durchgeführt werden können. (4)

Beispiele für Kooperationsprojekte sind:
-MeT-Konsortium (Mobile electronic transactions): Ericsson, Motorola und Nokia, Kooperation mit Global Mobile Commerce Forum von Mastercard International. (9)
-Mobey-Forum (Mobile financial services): Nokia, Deutsche Bank, Nordea, Siemens, UBS, u. a. (10)

-Paycircle: HP, Sun, Siemens, Lucent, Oracle, u. a. (1), (11)

Das Unternehmen Fun Communications hat Mobile Banking Software für Java-Handys entwickelt, um die mobile Sicherheit der Datenübertragung zu erhöhen. Gegenwärtig sind sonst nur PDAs geeignet, einen sicheren M-Commerce zu ermöglichen. (17)

## Weiterführende Literatur

(1) M-Commerce Mobile Bezahllösungen erfordern durchgehende Infrastrukturen
aus Computer Zeitung, Heft 9, 2002, S. 16

(2) Falsche Preissysteme gefährden den Erfolg des M-Commerce
aus Frankfurter Allgemeine Zeitung, 14.01.2002, Nr. 11, S. 20

(3) Der Markt wartet auf das mobile Portemonnaie
aus Lebensmittel Zeitung 10 vom 08.03.2002 Seite 062

(4) Pilotprojekt in Finnland für M-Payment Wim mit Wap
aus Finanz und Wirtschaft, Seite 50

(5) Kai Rannenberg, Deutschlands erster Professor für M-Commerce, über die Zukunft neuer mobiler Dienste "Der Markt für das Bezahlen per Handy wird

unterschätzt"
aus Die Welt, Jg. 52, 11.02.2002, Nr. 35, S. 16

(6) Eine Strategie für den Erfolg im M-Commerce
aus Frankfurter Allgemeine Zeitung, 07.02.2002, Nr. 32, S. 24

(7) Telecom-Markt/Mit Multimedia Messaging und dem Trägerdienst GPRS auf dem Weg zu UMTS Anstoß zur neuen Mobilfunkzukunft
aus Computerwoche, 05.04.2002, Nr. 14, S. 42-43

(8) In der Zone entstehen die Dienstleistungen für die neue Welt Deutsche Telekom macht die ersten Schritte in Richtung UMTS / Weg ist noch weit / Künftig in der Rolle des Integrators
aus Frankfurter Rundschau v. 09.02.2002, S.11

(9) Mobile electronic Transactions, http://www.mobiletransaction.org
aus Frankfurter Rundschau v. 09.02.2002, S.11

(10) Mobey Forum, http://www.mobeyforum.org
aus Frankfurter Rundschau v. 09.02.2002, S.11

(11) Paycircle, http://www.paycircle.org
aus Frankfurter Rundschau v. 09.02.2002, S.11

(12) STUDIE Einfache Dienste sind gefragt
aus IT Business, Heft 11/2002, S. 13

(13) Erfolgsstory aus Fernost
aus CYbiz Nr. 03 vom 06.03.2002 Seite 018

(14) In schwierigem Umfeld bestanden
aus Die SparkassenZeitung, 28.03.2002, Nr. 13, S. 2

(15) M-Business: Marktforscher erwarten kräftiges Wachstum Alles im Griff mit den kleinen Helferlein
aus Industrieanzeiger, Heft 14, 2002, S. 28

(16) Mobile Payment Ohne Handeln verlieren Institute ihr Geschäftsfeld
aus Die SparkassenZeitung, 01.03.2002, Nr. 09, S. B17

(17) VERSCHLÜSSELUNG Sicherer M-Commerce muss erst entstehen
aus Computer Zeitung, Heft 12, 2002, S. 12

(18) Cebit-Bilanz: Aussteller trotz Besucherrückgang zufrieden Schwindendes Interesse an der IT-Leitmesse
aus Industrieanzeiger, Heft 14, 2002, S. 10

(19) Coke per Handy in Japan M-Commerce
aus WirtschaftsBlatt, 17.04.2002, Nr. 1604, S. A28

# Impressum

## Mobile Commerce (M-Commerce)

### Bibliografische Information der deutschen Nationalbibliothek

Die Deutsche Nationalbibliothek verzeichnet diese Publikation in der deutschen Nationalbibliografie; detaillierte bibliografische Daten sind im Internet über http://dnb.d-nb.de abrufbar.

ISBN: 978-3-7379-0408-7

© 2015 GBI-Genios Deutsche Wirtschaftsdatenbank GmbH, Freischützstraße 96, 81927 München, www.genios.de

Alle Rechte vorbehalten. Dieses Werk ist einschließlich aller seiner Teile – z.B. Texte, Tabellen und Grafiken - urheberrechtlich geschützt. Jede Verwertung außerhalb der Grenzen des Urheberrechtsgesetzes bedarf der vorherigen Zustimmung des Verlags. Dies gilt insbesondere auch für auszugsweise Nachdrucke, fotomechanische Vervielfältigungen (Fotokopie/Mikroskopie), Übersetzungen, Auswertungen durch Datenbanken oder ähnliche Einrichtungen und die Einspeicherung und Verarbeitung in elektronischen Systemen.